快樂中國語作文

해피 중국어 작문

유향란 저

JINSAEM 진샘미디어

머리말

"해피 중국어작문" 교재는 한국인의 중국어 글쓰기 교육에 발맞추기 위해 작성된 책이다. 매 과는 본문, 새로 나온 단어, 문법, 연습문제, 중국어넌센스퀴즈, 중한영속담풀이, 원고지에 주어진 제목으로 글쓰기 등으로 구성되었고 모두 11개의 테마(새 학기, 일기 쓰기, 메모 남기기, 중국의 전통명절, 나의 짝궁, 제일 좋아하는 계절, 환경보호, 캠퍼스 소개, 스포츠, 고향소개, 겨울 야외활동)로 다루어져 있다. 중국어공부를 재미나게 하기 위하여 부록으로 중국동요, 알아맞추기 등 다양한 내용도 들어있으며 신 HSK의 작문원고지 작성을 위해 책의 첫 부분에 중국어 문장부호와 원고지 작성규칙에 대해 소개하였다.

본 교재의 특징은 본문내용이 번체자로 되어 있는 것이다. 현재, 중국 대륙에서만 간체자를 사용하며 기타 다른 한자문화권 지역에서는 번체자를 사용하고 있는 실정이다. 한국은 초, 중고등학교에서의 한자교육이 중시되어 있고 학생들이 먼저 접한 것도 번체자이다. 때문에 번체자를 사용하는 것이 중국어를 학습하려는 학생들에게 유리하다. 중국어 학습은 "번체자로 쓰고, 간체자로 아는" 또는 "간체자로 쓰고 번체자로 아는" 식의 학습이 학생들이 한국 내에서의 한자 응용에도 도움이 되리라 여긴다.

따라서 본 교재의 본문은 번체자로 쓰여져 있고 학생들로 하여금 번체자를 보고 간체자로 변환하여 습득하는 시간을 주고 본문 외의 다른 구성부분은 간체자로 작성되었다. 왜냐하면 신 HSK 대비에는 실질적인 문제풀이가 간체자로 나오기 때문에 학생들로 하여금 문제풀이와 원고지에 글 쓰는 부분은 간체자로 습득하게 한다.

21세기는 아시아 3국시대로서 글로벌 인재라면 중국어뿐 아니라 일본어도 필수로 다가와서 학생들이 일본어 공부도 하고 있다. 여기서 일본어 한자와 번체자가 많은 면에서 비슷한 면과 연관성이 많기에 중국어와의 비교차원에서 책의 목록 부분에 제목만 일본어로도 표기해놓았다.

이 책을 집필하는 과정에 국내외의 이미 출판된 중국어 관련 서적들의 도움을 받았다는 점을 밝히며 그 저자와 역자 분들께 감사를 드린다. 본 교재가 여러분의 중국어 학습에 많은 도움이 되리라 믿으며 혹시라도 있을 부족한 부분에 대해 아낌없이 고귀한 의견을 주시기를 바란다.

2014년

저자

차례

一. 常用标点符号(문장부호)

句号 jùhào	。	문장의 끝에 쓰여 문장의 끝났음을 나타낸다. 我们是大学生。
逗号 dòuhào	，	문장 내의 잠시 쉼을 나타낼 때 쓴다. 明天上午，我要去图书馆。
问号 wènhào	？	의문문의 문장 끝에 쓰인다. 你是谁？
感叹号 gǎntànhào	！	감탄문이나 명령문의 끝에 쓰인다. 多么美丽的风景啊！快回去！
顿号 dùnhào	、	문장 내에서 병렬관계가 있는 단어 사이에 쓰인다. 他去过中国、日本、美国等几个国家。
冒号 màohào	：	대화내용을 이끌어낼 때 혹은 다음 문장을 이끌어낼 때 쓰인다. 他说："书店在前边。" 考试时间：8月8日 上午10点
引号 yǐnhào	" "	어떤 말을 인용할 때 쓰인다. "南首尔大"是南首尔大学的简称。
分号 fēnhào	；	복문에서 병렬관계가 있는 두 문장 사이에 쓰인다. 勤奋的人，为明天而努力；懒惰的人，只知道享受今天。
省略号 shěnglüèhào	……	말이나 내용을 생략할 때 쓰인다. 书昨天还放在这儿，可是今天……
破折号 pòzhéhào	—	앞의 내용을 보충 설명할 때 쓰인다. 韩国的代表食物—辣白菜。
书名号 shūmínghào	《》	책, 잡지, 신문, 노래, 영화, 공연, 글의 이름이나 제목을 나타낼 때 쓰인다. 我们昨天看了《功夫熊猫》。
连接号 liánjiēhào	—	뜻이 밀접한 관계의 두 단어를 연결할 때 쓰인다. 学校考试期间为9日-11日。

◎ 정확한 문장부호를 적어 넣으시오.

1. 今天上午□我们参观了北京的胡同□

2. 你会游泳吗□

3. 你开车真快啊□

4. 草原多大啊□

5. 银行在哪里□

6. 弟弟说□□我看到大象啦□□

7. 北京有很多名胜古迹□有长城□颐和园□北海公园等等□

8. 北京□上海的火车马上出发了□

9. 中国有名的饭菜□□北京烤鸭□

10. □红楼梦□是中国古代名著□

11. 体育课上□ 老师教我们跑步□

12. 他从小就喜欢很多运动□足球□排球□爬山□□

二. 稿纸用法(원고지 작성법)

1) 제목은 첫 번째 줄 가운데 쓰는 것을 원칙으로 한다.

			我	的	学	校			

2) 매 단락 시작할 때 마다 두 칸을 비우고 시작한다.

		我	的	学	校	在	首	尔	的

3) 기본적으로 한자와 문장부호는 한 칸에 한 글자씩 쓴다.

市	中	心	，	很	漂	亮	。		

4) 원고지 마지막 칸에서 문장이 끝나 문장부호를 써야 할 경우 마지막 칸에 글자와 함께 쓴다. 원고지의 맨 왼쪽 첫 칸에는 문장부호를 쓰지 않는다.

		因	为	我	们	的	学	校	很	漂	亮,
所	以										

破折号(—) 와 省略号(……)는 두 칸을 차지한다.

韩	国	—	—			…	…		

冒号(:) 分号(;) 引号(“”) 등이 함께 나올 경우 한 칸에 함께 쓴다.

他	说	:“	书	店	在	那	里	。”	

5) 아라비아 숫자는 한 칸에 두 자씩 쓴다.

20	11	年	8	月					

6) 알파벳 소문자는 한 칸에 두 개씩 쓰고 대문자는 한 칸에 한 개씩 쓴다.

A	B				ab	cd	ef		

第一課
新學期開始了

新学期(しんがっき)が始(はじ)まる

새 학기가 시작되었어요.

새로운 학기 계획을 적어보기

學校開學了。這學期都有四門課：英語, 中國經濟, 法國文學和電腦課。我的課都在上午。八點上課，十二點下課。中午我在學校餐廳吃飯。下午和晚上我經常去圖書館看書。

對我來說，最重要的事情是學習。我在這個學期要更好地掌握學習方法，用更好、更省力和更有效的方法進行改變。在英語上，我要背更多的單詞，要更加勤於思考，更多應用在課堂上學會的新知識。我們大學生除了學習外，要結交朋友和與不同的人相處也是件很重要的事情。這個學期我要交更多的新朋友，學會待人的禮節。

當然，幫家裡人做一些我能夠的勞動也是一件很有意義的事情。幫助同學、尊敬老師、孝敬長輩，是我要不斷注意和加強的方面。

生词

开学[開學]	kāi xué	(동)개학하다
学期[學期]	xué qī	(명)학기
门[門]	mén	(양)과목(과목·과학 기술 등에 쓰임)
英语[英語]	yīng yǔ	(명)영어
经济[經濟]	jīng jì	(명)경제
法国[法國]	fǎ guó	(명)프랑스
文学[文學]	wén xué	(명)문학
餐厅[餐廳]	cān tīng	(명)식당, 레스토랑
经常[經常]	jīng cháng	(부)늘, 자주
图书馆[圖書館]	tú shū guǎn	(명)도서관
重要	zhòng yào	(형)중요하다
事情	shì qíng	(명)일
掌握	zhǎng wò	(동)숙달하다, 정복하다
方法	fāng fǎ	(명)방법
省力	shěng lì	(동)수월하다
有效	yǒu xiào	(형)유효하다, 효력있다
改变 [改變]	gǎi biàn	(동)고치다, 바꾸다, 달리하다
背	bèi	(동)외우다
单词[單詞]	dān cí	(명)단어
勤于[勤於]	qín yú	(동)…에 부지런하다. …에 열심이다.
思考	sī kǎo	(동)사고하다
课堂[課堂]	kè táng	(명)수업
结交[結交]	jié jiāo	(동)사귀다
相处 [相處]	xiāng chǔ	(동)사이좋게 지내다
礼节[禮節]	lǐ jié	(명)예절
当然 [當然]	dāng rán	(부)물론

能够 [能夠]	néng gòu	(동)할 수 있다
劳动 [勞動]	láo dòng	(동)일하다
意义[意義]	yì yì	(명)의의, 의미
尊敬	zūn jìng	(동)존경하다
孝敬	xiào jìng	(동)효도하다
长辈 [長輩]	zhǎng bèi	(명)손윗사람, 연장자
不断 [不斷]	bú duàn	(부)끊임없이
加强[加強]	jiā qiáng	(동)강화하다
方面	fāng miàn	(명)분야, 영역

语法

• [对…… 来说] **…에 있어서**

어떤 사람이나 일의 각도에서 이야기 할 때 쓰이는 표현이다.

对我来说, 这是很好的机会。

• [最] **가장**

다른 비교대상들에 비해 가장 뛰어남을 말할 때 쓰이는 표현이다.

金娜丽在班里学习最好。
世界之最。

• [更加] **더욱, 훨씬, 한층 더**

원래보다 조금 더 나아진 것을 표현할 때 쓰인다.

这个学期我要更加努力学习。
生活比以前更加好起来了。

• [勤于……] **…에 부지런하다. …에 열심이다.**

勤于写作。

• [除了……外, 还……] **…을 제외하고 또 …이다.**

除了……（外）, 还(也)……

앞에서 언급한 외에 또 다른 것이 있음.

除了红茶，我还喜欢喝绿茶。
除了小王以外，小张也会说英语。

• [除了……, 都……] **…외에 모두 …이다.**

앞에서 언급한것을 배제한다.

除了大卫以外，我们都去过长城了。

练习

◎ 중작하시오.

1. 베이징은 가을 날씨가 가장 좋다.

2. 찐란은 공부에 열심히 한다.

3. 세계 으뜸이다.

4. 그에게 있어서 이것은 아주 좋은 생일선물인 것이다.

5. 찐란은 영어 외에 중국어도 할 줄 안다.

6. 찐란을 제외하고 우리는 모두 졸업여행에 참가하였다.

7. 이번학기에는 영어공부에 더욱 열심히 해야겠다.

8. 그는 배드민턴 외에 배구치는 것도 좋아한다.

◎ 본문내용에 근거하여 질문에 답하시오.

1. 这学期我都上几门课，都有哪些？

2. 我的一天一般都怎么过？

3. 新学期我有哪些学习方法？

4. 除了学习以外，我还有一件重要的事情是什么？

5. 在哪方面里，我还要不断注意和加强？

넌센스 퀴즈(脑筋急转弯)

什么话是世界通用的？

오늘의 속담 한마디

功夫不负有心人

뜻이 있는 곳에 길이 있다.

Everything comes to him who waits

作文 제목 : 开学了

第二課
寫日記

日記(にっき)を 書(か)く

일기를 씁니다.

하루 동안 있었던 일을 중국어로 일기를 작성하기

坐火車

2011年6月20日 星期日 晴

今天是星期日。太陽很好，陽光很溫和，氣溫不高也不低，真是適合做戶外活動的好天氣。

今天早上，媽媽一叫我起床，我就開始穿衣服。我今天打算坐火車去杭州旅遊，因為我很喜歡坐火車，喜歡坐在火車上看外面的風景。去杭州的火車每天有很多次，事先我去問王亮，王亮告訴我,“和諧號”動車9061次最好，因為9061次車最快，五十分鐘就到杭州。還有“和諧號”動車整潔美觀，車身長四百二十多米，共有16節車廂。

我坐出租車到了火車站。火車站裡人山人海，到了候車室更是人擠人，順著人流，我終於上了火車。

坐火車真有趣！

生词

晴	qíng	(형) 하늘이 맑다
温和[溫和]	wēn hé	(형) 따뜻하다
适合[適合]	shì hé	(동) 적합하다
户外活动[戶外活動]	hù wài huó dòng	(명) 야외활동
打算	dǎ suàn	(동) …할 생각하다, 계획하다
杭州	háng zhōu	항저우(지명)
旅游[旅遊]	lǚ yóu	(명) 여행
风景[風景]	fēng jǐng	(명) 풍경
次	cì	(양) 번, 회수
事先	shì xiān	(명) 사전에, 미리
王亮	wáng liàng	왕량(인명)
和谐号[和諧號]	hé xié hào	(명) CRH(중국 고속철)
动车[動車]	dòng chē	(명) 중국 고속철의 일종
整洁[整潔]	zhěng jié	(형) 깔끔하고 깨끗하다
车厢[車廂]	chē xiāng	(명) 객실
出租车[出租車]	chū zū chē	(명) 택시
人山人海	rén shān rén hǎi	(성어) 인산인해
候车室[候車室]	hòu chē shì	(명) 대합실
挤[擠]	jǐ	(동) 비집다, 붐비다
顺着[順著]	shùn zhe	(동) …따르다
有趣	yǒu qù	(형) 재미있다

语法

- **写日记(일기 쓰기)**

중국어 일기쓰기 격식은 아래와 같다.

1. 제목은 써도 되고 안 써도 무방하다.
2. 제목을 썼다면 줄을 바꿔 일기를 쓴 날자(년/월/일), 요일, 날씨를 적는다.
3. 그 다음 또 줄을 바꿔 처음 두 칸을 띄우고 본문 즉 일기의 내용을 적는데 격식은 일반 작문격식과 같다.

   : 일기내용은 우리들이 생활에 대한 관찰에서 오기 때문에 한 가지 사실을 써도 되고 인물을 적어도 되며 사물이나 장면을 적어도 되며 어떠한 활동을 서술해도 모두 가능하다. 자신의 하루 일과에서 실행했던 것, 보았던 것, 들었던 것, 생각했었던 것 등등 이 모든 것은 모두 일기의 내용이 될 수 있다.

- **[一A, 就 B] . . . A하자마자, …B하다**

A동작이나 상황이 발생한 후 곧바로 B동작이나 상황이 발생하는 것을 나타낼 때 쓰인다.

夏天一到，我们就去游泳。

- **[打算……] …할 계획이다**

계획이나 타산을 나타낼 때 많이 쓰인다.

星期日他打算去杭州旅游。

练习

중작하시오.

1. 그는 배우자마자 바로 할 줄 안다.

2. 여름방학에 중국여행 다녀올 계획이다.

3. 나는 강의실에 들어가자마자 바로 그를 보았다.

4. 숙제를 다 하자마자 나는 바로 잠을 잤다.

5. 일요일에 찐란은 백화점에 쇼핑하러 갈 계획이다.

◎ 순서배열하기

1. 电影 妈妈 星期天 去 带 看了 我 一场

2. 去 我 动物园 小明 和 猴子 看

3. 公园 里 吗 的 喜欢 花 你

◎ 넌센스 퀴즈(脑筋急转弯)

早晨醒来，每个人都会去做的第一件事是什么？

오늘의 속담 한마디

言为心声

말은 마음의 그림이다.

One's words reflect one's thinking.

作文 일기 한편 적어보세요.

第三課
留言條

メモを 残^{のこ}す

메모를 남겨요.

메모 작성하기

俞老師：

昨天上課的時候，我沒帶作業本，所以我的本子沒有交。今天我帶來了。下次我一定按時交作業本，請老師多多關照。

金娜麗

6月3日上午11點

大衛：

學校將於2010年5月20日在體育館舉行話劇排練，請你屆時準時參加。

王亮

2010年5月19日

生词

俞	yú	(명)유(성씨)
本子	běn zi	(명)공책, 노트
按时[按時]	àn shí	(부)제때에, 시간 맞춰
多多关照[多多關照]	duō duō guān zhào	(동)잘 부탁드립니다
金娜丽[金娜麗]	jīn nà lì	(명)찐나리(인명)
将[將]	jiāng	(부)…하게 될 것이다
举行[舉行]	jǔxíng	(동)거행하다
话剧[話劇]	huàjù	(명)연극
排练[排練]	pái liàn	(동)리허설을 하다
届时[屆時]	jièshí	(동)그때가 되다
准时[準時]	zhǔnshí	(부)정시에, 제때에
参加[參加]	cānjiā	(동)참가하다
称呼	chēnghu	(명)호칭
正文	zhèngwén	(명)본문, 내용
署名	shǔmíng	(동)서명하다

语法

- **留言条**

일상생활에서 용건이 있어서 상대방에게 전달하거나 부탁하려고 하는데, 상대방이 부재중이고 또 상대방이 올 때까지 기다릴 시간이 없으면 상대방에게 한 장의 메모를 남기는데 이것을 중국어로 "留言条"라고 한다.

留言条는 호칭, 본문, 서명과 날짜로 이루어졌으며 작성하는 방법과 순서는 다음과 같다.

1. 맨 윗줄의 앞칸에 메모를 받는 사람의 호칭(称呼)을 적고 콜론(:冒号)와 함께 쓴다.
2. 줄을 바꿔 처음 두 칸을 띄우고 메모할 내용(正文)을 적되 간단명료하게 상대방에게 전달할 사항을 적는다.
3. 오른쪽 하단에 메모를 남기는 사람의 이름(署名)을 적는다.
4. 메모를 남기는 사람의 이름 아랫줄에 메모 남기는 날짜 (日期)및 시간(时间)을 적는다. 상황에 따라서 시간은 생략해도 무방하다.

- [因为……，所以……] **…하기 때문에**

앞 문장에서 원인 또는 이유를 말하고 뒷문장에서 결과를 나타낸다.

因为下大雨，所以路上堵车。

- [将于……]**…곧 하게 될것이다**

미래에 대한 판단을 나타낼 때 쓰인다.

大会将于明天开始。

- [按时] **시간맞춰**

按时参加会议。

• [准时] **정시에**

会议准时开始。

“按时”는 어떤 규정된 시간좌우를 모두 포함한다. 예하면 “按时到某个地点”는 모 지점에 그 시간좌우에 도착하면 된다는 뜻으로 해석되며 그 시간은 일정한 범위 내에서 모두 “按时”라고 한다. 또한 반복의 의미도 있다.

“准时”는 정각 시간을 뜻하며 예를 들면 “要求在2点到达某个点”는 2시에 모 지점에 도착하기를 요구하는 사항을 적을때 , 만약 2시 정각에 도착하면, 是 “准时”로 사용되고 2시 전 몇 분 혹은 2시 후 몇분에 도착하면 “按时”를 사용한다.

练习

◎ 중작하시오.

1. 결혼식은 10월초에 할 것이다.

2. 그는 오후에 도착할 것입니다.

3. 나의 핸드폰이 밧데리가 다 나갔기에 전화를 받을 수 없었다.

4. 곧 리허설이 시작하기 때문에 학생들은 모두 긴장하고 있다.

5. 회의는 정시에 시작합니다.

6. 비록 차가 막혔지만 제시간에 학교에 도착했다.

◎ 중국동요를 따라해보세요.

做早操

早上空气真叫好，
我们都来做早操。
伸伸臂，弯弯腰，
踢踢腿，蹦蹦跳，
天天锻炼身体好。

넌센스 퀴즈(脑筋急转弯)

123是什么?

오늘의 속담 한마디

十拿九稳

땅 짚고 헤엄치기

Swimming while touching the ground

作文

◎ 주어진 요구에 따라 메모를 작성하세요.

일요일 친구와 함께 영화 보러 가기로 했는데 일이 생겨서 못 가게 되었을 때 친구한테 메모를 작성해보세요.

토요일 저녁에 하기로 한 파티를 다른 날로 연기했을 때 메모를 작성해보세요.

第四課
中國的傳統節日

中國ちゅうごくの伝統でんとう 節日せちにち

중국의 전통명절

중국의 전통명절 소개하기

中國重大的傳統節日有春節、元宵節、清明節、端午節、中秋節等。

正月初一是春節，是全年最重要的一個節日。春節時，家家貼春聯、貼年畫、裝飾居室。全家人圍坐在一起包餃子過年。春節前一夜叫“除夕”，是家庭團聚的重要時刻，全家人歡聚一起，吃一頓豐盛的“年夜飯”；許多人通宵不眠，稱“守歲”。次日，大家便開始到親朋好友家裡“拜年”，相互問候，祝願在新的一年裡萬事如意。

農曆正月十五為元宵節，是春節後的第一個月圓之夜。過元宵節，有吃元宵和觀燈的習俗。元宵以糯米粉為皮，內裹果料糖餡，圓形，是“團圓”的象徵。每到元宵節之夜，許多城市舉辦燈會，展出各種彩燈，造型新奇，千姿百態。

西曆四月五日前後為清明節，是中國最重要的祭祀節日。

農曆五月初五是端午節。每逢此節，民間有帶香袋、吃粽子、賽龍舟習俗。

農曆八月十五為中秋節，又稱“團圓節”。　中秋佳節，人們最主要的活動是賞月和吃月餅。人們把中秋賞月與品嘗月餅結合在一起，寓意家人團圓的象徵。

生词

重大	zhòngdà	(형) 중대하다
传统[傳統]	chuántǒng	(명) 전통
节日[節日]	jiérì	(명) 명절
春节[春節]	Chūnjié	(명) 구정, 음력 정월 초하루
元宵节[元宵節]	Yuánxiāojié	(명) 보름
清明节[清明節]	Qīngmíngjié	(명) 청명(절)
端午节[端午節]	DuānwǔJié	(명) 단오
中秋节[中秋節]	Zhōngqiūjié	(명) 추석, 한가위
正月	zhēngyuè	(명) 정월
初一	chūyī	(명) 음력 초하루
贴[貼]	tiē	(동) 붙이다
春联[春聯]	chūnlián	(명) 춘련
年画[年畫]	niánhuà	(명) 세화
装饰[裝飾]	zhuāngshì	(동) 장식하다
居室	jūshì	(명) 방
包	bāo	(동) 빚다, 싸다
饺子[餃子]	jiǎozi	(명) 만두
除夕	chúxī	(명) 섣달 그믐날 밤
团聚[團聚]	tuánjù	(동) 한자리에 모이다
时刻[時刻]	shíkè	(명) 시각, 순간
欢聚[歡聚]	huānjù	(동) 즐겁게 모이다
一顿[一頓]	yídùn	한끼
丰盛[豐盛]	fēngshèng	(형) 풍성하다
通宵	tōngxiāo	(명) 밤새도록
不眠	bùmián	(명) 불면
守岁[守歲]	shǒusuì	(동) 섣달 그믐날 밤을 새우다

次日	cìrì	(명)다음날
亲朋好友[親朋好友]	qīnpénghǎoyǒu	친지와 친구
拜年	bàinián	(동)새해인사를 드리다
问候[問候]	wènhòu	(동)안부를 묻다
万事如意[萬事如意]	wànshìrúyì	(성)모든 일이 뜻대로 이루어지다
农历[農曆]	nónglì	(명)음력
元宵	yuánxiāo	(명)정월 대보름에 먹는 떡
习俗[習俗]	xísú	(명)풍속
糯米粉	nuòmǐ fěn	(명)찹쌀가루
裹	guǒ	(동)포장하다
糖馅[糖餡]	táng xiàn	(명)설탕소
圆形[圓形]	yuánxíng	(명)원형
团圆[團圓]	tuányuán	(동)한자리에 모이다
象征[象徵]	xiàngzhēng	(명)상징, 심벌
举办[舉辦]	jǔbàn	(동)개최하다
彩灯[彩燈]	cǎidēng	(명)채색등
造型	zàoxíng	(명)이미지, 형상
新奇	xīnqí	(형)신기하다, 참신하다
千姿百态[千姿百態]	qiānzībǎitài	(성)모양이 제각각이고 서로 다르다
公历[公曆]	gōnglì	(명)양력
祭祀	jìsì	(동)제사지내다
每逢	měiféng	(동)…때마다, …때가 되면
带	dài	(동)지니다, 휴대하다
香袋	xiāngdài	(명)향낭, 향주머니
吃粽子	chī zòngzi	(동)쭝즈를 먹다
赛龙舟[賽龍舟]	sàilóngzhōu	(동)용머리로 뱃머리를 장식하고 배경주하다
赏月[賞月]	shǎngyuè	(동)달구경하다
月饼[月餅]	yuèbing	(명)위에빙(음식)
寓意	yùyì	(명)함의

语法

• [有字句]

"누가 무엇을 가지고 있다" "어디에 무엇이 있다"라는 표현을 할 때 사용되며 주로 소유나 존재를 나타낸다. 주어가 생물이면 "有"는 소유의 뜻을 의미하고 주어가 무생물이면 존재의 뜻을 의미한다.

1) 소유를 나타내는 경우

我有一张电影票。

2) 존재를 나타내는 경우

教室里有三十名学生。

3) 과거를 나타내는 경우 : "有了" 완료를 나타내는 경우

他的学习有了明显的进步。
"有过" 일찍이 ..이 있었다.
他有过去美国留学的机会，可是他放弃了。

4) "有"활용

[有一天] 어느날
有一天他来找我了。
[总有一天] 언젠가
这件事总有一天会解决的。
[有的是] …이 얼마든지 있다.
我有的是钱。
[有的……，有的……]일부분은…하고，또 일부분은 ..하다
有的学生在唱歌，有的学生在跳舞。

• **[每逢]... 때가 되면**

每逢佳节，他都想念父母。

• **[称（为）]…이라고 부르다.**

农历八月十五为中秋节，又称"团圆节"。

练习

◎ 중작하시오.

1. 이런 기회는 얼마든지 있다.

2. 나는 버스를 타고 출근 할 때도 있고 운전해서 출근 할 때도 있다.

3. 너는 언젠가는 이해할 것이다.

4. 나에게는 행복한 가정이 있다.

5. 한국에는 많은 중국음식점이 있다.

6. 어떤 사람은 책을 보고 어떤 사람은 연습문제를 푼다.

7. 세계 경제에 큰 변화가 생겼다.

8. 추석이오면 한 가족이 한자리에 모인다.

9. 이 과일을 복숭아라고 한다.

본문내용에 근거하여 질문에 대답하시오.

1. 中国传统节日都有什么？

2. “年夜饭”“守岁”是什么意思？

3. 农历五月五日是什么节日，有什么习俗？

4. 中秋节有什么习俗？

5. 中秋节又称为什么？

◎ 넌센스 퀴즈(脑筋急转弯)

1， 2， 3所能组成的最大数是多少？

오늘의 속담 한마디

说曹操，曹操就到

호랑이도 제 말하면 온다.

Talk of the devil, and he is sure to appear.

作文 제목 : 韩国的传统节日

第五課
我的同桌

私わたしの 同おなじテーブル

나의 짝궁

나의 짝궁에 대해 소개하기

我的同桌叫大衛，是美國人，來中國快一年了。我們都是留學生。大衛不但性格開朗，而且樂於幫助別人，所以人氣也非常好。大衛經常幫助我，現在我們已經是好朋友了。

大衛從小對中國的歷史和文化感興趣，去年來中國的，比我早一年，漢語說得比我流利。大衛的個子比我高，籃球打得很好。他還喜歡打網球，我們經常去體育館打網球。

我們倆都喜歡旅行。每個週末我們要麼一起運動，要麼一起去爬山，去頤和園照相。我們打算放假的時候一起去杭州旅行。杭州歷來就有“人間天堂”的美稱。聽說杭州西湖是中國著名的旅遊勝地，而且目前正式列入《世界遺產名錄》。

生词

同桌	tóngzhuō	(명) 짝궁
快	kuài	(부) 곧 머지않아
留学生[留學生]	liúxuéshēng	(명) 유학생
开朗[開朗]	kāilǎng	(형) 명랑하다, 쾌활하다
乐于[樂於]	lèyú	(동) 기꺼이 …하다
人气[人氣]	rénqì	(명) 인기
从小[從小]	cóngxiǎo	(부) 어릴때부터
流利	liúlì	(형) 유창하다
个子[個子]	gèzi	(명) 키
篮球[籃球]	lánqiú	(명) 농구
网球[網球]	wǎngqiú	(명) 테니스
体育馆[體育館]	tǐyùguǎn	(명) 체육관
爬山	páshān	(동) 등산하다
颐和园[頤和園]	Yíhéyuán	이화원(지명, 베이징에 있는 유명한 황실정원)
历来[歷來]	lìlái	(부) 줄곧, 항상
听说[聽說]	tīngshuō	(동) 듣건대, 듣자하니
著名	zhùmíng	(형) 저명하다
胜地[勝地]	shèngdì	(명) 명승지
目前	mùqián	(명) 현재
正式	zhèngshì	(형) 정식의
列入	lièrù	(동) 집어넣다
世界遗产名录[世界遺產名錄]	shìjièyíchǎnmínglù	세계유산명부

语法

- **“比”를 이용한 비교문**

  “A+ 比 +B+형용사”의 기본형식으로 A와 B의 차이를 나타낼 때 쓰인다. 여기서 A는 문장의 주어이고 B는 비교의 대상이다. 주의 할 것은 비교문의 형용사 앞에 “很”이나 “非常”를 쓸 수 없다는 것이다. 부정문의 형식은 “A+ 不比 +B+형용사”이다.

  今天比昨天热。
  橘子比香蕉贵。
  坐火车不比坐汽车快。

- [比什么都……] **무엇보다도 …하다, 가장 …하다**

  感冒的时候，充分的休息比什么都重要。

- [历来]**대대로, 역대로**

  王老师对学生的要求历来严格。
  我们学校历来都是这样做的。

- [快……了] / [快要……了] **곧, 머지않아**

  가까운 시간 안에 일어날 동작을 나타낸다.

  学校快放假了。

- [要么……,要么……] **…하든지, 아니면 …하든지**

  몇 가지 상황에서 선택을 나타낼 때 쓰이며 “要么”하나만 쓰기도 한다

  他周末要么学习，要么上网。

• [不但……, 而且……]…**게다가**

앞 뒤 문장내용이 점층 관계를 나타내며 정도가 한층 더 심해짐을 나타낸다.

주어가 서로 같을 때 "不但"은 앞문장의 주어 뒤쪽에 놓고 주어가 서로 다를 때 "不但"은 앞문장의 주어 앞에 놓는다.

"而且"는 항상 뒤 문장의 맨 앞에 놓인다.

不但他会说汉语，而且他弟弟也会。
他对运动不但没兴趣，而且从不参加。
小李对汉语不但有兴趣，而且说得很流利。

练习

◎ 중작하시오.

1. 국산차는 수입차보다 품질이 떨어지지 않는다.

2. 말하는 것은 행동하는 것보다 쉽다.

3. 그는 나보다 3살 더 많다.

4. 우리학교는 역대로 이렇게 해왔다.

5. 곧 새해가 다가온다.

6. 그는 중국어를 할 줄 알 뿐만 아니라 매우 유창하게 한다.

7. 자전거를 타고 가든지 아니면 버스를 타고 가든지 다 됩니다.

8. 지금 이미 많이 늦었으니 우리 내일 다시 이야기하든지 합시다.

9. 샤오 왕은 열정적인 뿐 아니라 게다가 인내심도 있다.

순서배열하기

1. 书 喜欢 姐姐 童话故事 特别 看

2. 什么 充分的 感冒 比 的 重要 休息 时候 都

3. 游戏 爱 玩 小朋友 都

문제를 읽고 답하시오

准备材料：一支笔（只要是塑料笔杆就行）、一把剪刀、一张白纸。

1）把白纸剪成纸屑。
2）把笔杆在头皮上使劲摩擦后，放在离纸屑一厘米不到处。

会出现什么结果呢？你懂得了什么道理？

넌센스 퀴즈(脑筋急转弯)

历史上哪个人跑的最快?

오늘의 속담 한마디

知识就是力量

아는 것이 힘이다.

Knowledge is power.

作文 제목 : 我的同桌

第六課
我最喜歡的季節

わたしの 一番(いちばん)好(す)きな 季節(きせつ)

내가 제일 좋아하는 계절

내가 가장 좋아하는 계절에 대해 적어보기

一轉眼告別了炎熱的夏天，迎來了涼爽的秋天。秋天是金色的，秋天是美麗的，秋天是一個收穫的季節。

你看，秋天來到了果園裡。蘋果變得又香又甜；葡萄也成熟了，如同一串串紫瑪瑙晶瑩剔透，好看極了。

秋天又來到田野裡，灑下了一點點金光，頓時田野裡的果實全都成熟了。高梁彎著腰快樂地向人們問好，農民伯伯高興地哼著歌來收割自己的勞動成品。

秋天來到了校園裡，很多學生帶著秋天的清爽，坐在長椅上靜靜地看書，因為秋天是讀書的季節。

秋天一般賞紅葉。無論城市還是野外，處處都可見色彩絢麗的楓葉，一束束紅葉像是燃燒的火把，如火如荼，漂亮極了。

深秋的浪漫、繽紛的色彩在公園裡、山上、街上發揮得淋漓盡致，有那麼多的水果可以讓我們品嘗，秋天真是一個美麗的季節啊！

生词

一转眼[一轉眼]	yìzhuǎnyǎn	(명)눈 깜작할사이에, 어느덧
炎热[炎熱]	yánrè	(형)무덥다
凉爽[涼爽]	liángshuǎng	(형)시원하다
收获[收穫]	shōuhuò	(명)수확
果园[果園]	guǒyuán	(명)과수원
葡萄	pútáo	(명)포도
成熟	chéngshú	(형)성숙하다
玛瑙[瑪瑙]	mǎnǎo	(명)마노(광물)
晶莹剔透[晶瑩剔透]	jīngyíngtītòu	(성)맑고 투명하다
田野	tiányě	(명)논밭과 들판
洒[灑]	sǎ	(동)뿌리다
顿时[頓時]	dùnshí	(부)갑자기, 문득
高粱	gāoliáng	(명)수수
农民[農民]	nóngmín	(명)농민
伯伯	bóbo	(명)큰아버지
哼	hēng	(동)콧노래 부르다
收割	shōugē	(동)가을걷이하다
枫叶[楓葉]	fēngyè	(명)단풍잎
野外	yěwài	(명)교외
绚丽[絢麗]	xuànlì	(형)현란하다, 화려하고 아름답다
燃烧[燃燒]	ránshāo	(동)타다
火把	huǒbǎ	(명)횃불
如火如荼	rúhuǒrútú	(성)불처럼 붉고 띠꽃처럼 하얗다
浪漫	làngmàn	(형)낭만적이다
缤纷[繽紛]	bīnfēn	(형)화려하다, 찬란하다
发挥[發揮]	fāhuī	(동)발휘하다, 표현하다
淋漓尽致[淋漓盡致]	línlíjìnzhì	(성)남김없이 드러내다
品尝[品嘗]	pǐncháng	(동)맛보다

语法

- **비유문(比喻句)**

  한문장을 구체적이고 또 생동하게 표현하는 방법중의 하나가 바로 비유를 하는것이다. 즉 한 사물을 다른 한 사물과 비교하여 그 두 사물 지간의 비슷한 부분이 있으면 문장에 "如同" "像… (似的)", "仿佛" 등의 문형을 사용하는데 이런 문장을 비유구라고 한다. 이렇게 함으로써 문장에서 사람이나 사물의 특징을 더욱 잘 생동하게 표현할 수 있는 역할을 한다. 문장에서 "마치 ..와 같다"로 해석된다.

  她的脸红得像苹果似的。
  弯弯的月亮像小船。

- [又……又]

  여러 가지 상황이나 성질이 동시에 존재하는 것을 나타내며 "又" 뒤에는 항상 형용사를 첨가한다.

  又大又甜 又好又便宜
  他又聪明又努力，学习很好。

- [无论…… 还是……， 都……] **에도 불구하고**

  어떤조건이나 상황아래서 결과가 변하지 않은 것을 나타낸다. 无论이나 还是 뒤에 명사나 동사가 올 수 있다.

  无论你还是我，都不知道这件事。

练习

◎ 중작하시오.

1. 영어든 불어든 그는 모두 못한다.

2. 비가 오나 바람이 부나 그는 매일 조깅을 한다.

3. 좋아하든 좋아하지 않던 당신은 반드시 운동을 해야 합니다.

◎ "又… 又" 를 이용하여 문장 만드시오.

便宜 好

大 甜

漂亮 舒服

快 方便

◎ 비유구를 완성하시오.

秋天，枫叶红了，像______________________________ 似的。

小刺猬把身体缩起来，就像______________________________

蜻蜓像 ______________________________ 在空中飞。

◎ 색상을 중국어로 적어보시오

핑크색____________	빨간색__________	노란색____________
파란색____________	초록색__________	하얀색____________
검은색____________	보라색__________	주황색____________

◎ 넌센스 퀴즈(脑筋急转弯)

动物园中，大象鼻子最长，鼻子第二长的是什么？

오늘의 속담 한마디

人是衣裳，马是鞍

옷이 날개

The tailor makes the man.

作文 제목 : 我最喜欢的季节

第七課
保護環境

環境かんきょう を保護 ほごする

환경을 보호합시다

환경보호

韓國的垃圾分類

韓國的垃圾分類做得很好，也很成功。在韓國生活，一定要學會扔垃圾，更為嚴格的是生活垃圾必須正確分類，否則罰款。

垃圾一般分為食物垃圾和生活垃圾。食物垃圾，必須放在指定的垃圾袋或垃圾桶中，不能隨便用別的塑膠袋。生活垃圾還要再分類：如紙箱、報紙、雜誌、書等紙類，要單獨分開；帶有回收標誌的，如飲料瓶子、酒瓶子等，要根據它的材料，玻璃的、塑膠的還是易開罐的，分別放在專用的回收箱裡。

指定的垃圾袋都有　5升、10升、20升、30升、50升、75升和100升7種規格供市民選購。不同地區生活垃圾袋的顏色不同，居民可以在超市、便利店或公寓辦公室購買到。通過這樣的收費辦法，鼓勵人們減少垃圾，並進行垃圾分類整理。

垃圾分類的情況大體是這樣，當然每個地方還有些細微的不同。一定要向當地朋友或管理人員問清楚。垃圾分類雖然麻煩一些，但保護環境，人人有責，麻煩點兒也是值得的。

生词

垃圾	lājī	(명)쓰레기
分类[分類]	fēnlèi	(동)분류하다
扔	rēng	(동)던지다
严格[嚴格]	yángé	(형)엄격하다
正确[正確]	zhèngquè	(형)정확하다
否则[否則]	fǒuzé	(접)만약 그렇지 않으면
罚款[罰款]	fákuǎn	(동)벌금하다
食物	shíwù	(명)음식물
指定	zhǐdìng	(동)지정하다
垃圾袋	lājīdài	(명)쓰레기봉투
垃圾桶	lājītǒng	(명)쓰레기통
随便[隨便]	suíbiàn	(부)마음대로
塑料袋	sùliàodài	(명)비닐봉투
纸箱[紙箱]	zhǐxiāng	(명)종이박스
报纸[報紙]	bàozhǐ	(명)신문
杂志[雜誌]	zázhì	(명)잡지
单独[單獨]	dāndú	(부)단독으로
回收	huíshōu	(동)회수하다
标志[標誌]	biāozhì	(명)표지
饮料[飲料]	yǐnliào	(명)음료
瓶子	píngzi	(명)병
材料	cáiliào	(명)재료
玻璃	bōli	(명)유리
易拉罐	yìlāguàn	(명)원터치 캔, 깡통
专用的[專用的]	zhuānyòng	전용의
升	shēng	(양)리터

规格[規格]	guīgé	(명) 표준, 규격
供	gōng	(동) 제공하다
选购[選購]	xuǎngòu	(동) 선택구매하다
居民	jūmín	(명) 주민
超市	chāoshì	(명) 슈퍼마켓
便利店	biànlìdiàn	(명) 편의점
公寓	gōngyù	(명) 아파트, 단체기숙사
购买[購買]	gòumǎi	(동) 구매하다
收费[收費]	shōufèi	(동) 비용을 받다, 유료로 하다
当地[當地]	dāngdì	(명) 현지
鼓励[鼓勵]	gǔlì	(동) 격려하다
减少[減少]	jiǎnshǎo	(동) 감소하다
情况[情況]	qíngkuàng	(명) 상황
大体[大體]	dàtǐ	(부) 대체로
细微[細微]	xìwēi	(형) 미세하다
管理人员[管理人員]	guǎnlǐrényuán	(명) 관리자
人人有责[人人有責]	rénrén yǒu zé	사람마다 책임이 있다
麻烦[麻煩]	máfan	(형) 귀찮다, 번거롭다
值得	zhídé	(동) 의의가 있다

语法

- [分为……] **…으로 나누다**

  垃圾可以分为食物垃圾和生活垃圾。

- [根据……] **…에 근거하여**

  根据分析，可以得出结论。

- [通过……] **…통하여…. 에 의해**

  通过短期进修，他学到了很多知识。

- [值得]

  1. 의의가 있다, 필요성이있다

     垃圾分类虽然麻烦一些，但是很值得的。

  2. …할만하다, …할 가치가 있다

  他的行为值得表扬。

- [虽然……，但是/可是……] **비록. . 이기는 하지만…이다**

  "虽然"은 앞문장의 어떤 사실을 인정하며 뒤에 있는 "但是/可是"와 짝을 이뤄, 뒷문장의 어떤 사실이 앞문장의 어떤 사실로 인하여 대립되거나 모순되어 성립되지 않음을 나타낼 때 쓰인다.

  "虽然"은 써도 되고 안 써도 무방하지만 쓰지 않을 때에는 어기가 비교적 약해진다.

  "虽然"은 앞문장의 주어 앞에도 놓을 수도 있고 그 뒤에 놓을 수 있다.

  "但是/可是"는 뒷 문장의 맨 앞에만 놓을 수 있다.

  虽然我只学过一年汉语，但是我已经可以读中文报纸了。

练习

중작하시오.

1. 이 옷은 색상과 디자인 모두 아주 좋지만 사이즈가 맞지 않는다.

2. 나는 피아노 치기를 아주 좋아하지만 항상 잘 치지 못한다.

3. 그녀는 비록 외동딸이지만 조금도 까탈스럽지 않다.

4. 체험활동을 통하여 학생들은 많은 지식을 배우게 되었다.

5. 우리의 판단에 근거하여 일정을 다시 변경하였다.

6. 현지 상황에 근거하여 쓰레기분리도 약간의 차이가 있을 수 있다.

7. 생물은 식물과 동물로 분류된다.

◎ 본문내용에 근거하여 질문에 답하시오.

1. 垃圾一般分为哪些？

2. 食物垃圾怎么处理？

3. 生活垃圾都有哪些，怎么处理？

4. 指定的垃圾袋都有几种？每个地区颜色一样吗？

5. 垃圾袋是收费还是免费提供？

◎ 알아 맞추어 보세요

小赵, 小张, 小王, 小李四个人在一起猜谜。他们猜一个字谜, 这个字很简单，外国人只要学过汉语，要猜中也不难。
小赵先说："天没有，地有。"
小张接着说："河没有，池有。"
小王加上一句："你没有，他有。"
小李听完这三句话，就明白这是什么字了。
这是什么字？

넌센스 퀴즈(脑筋急转弯)

"A"和"C",哪一个高?

오늘의 속담 한마디

百闻不如一见

백문이 불여일견이다.

Seeing is believing

作文 제목 : 環境保護

환경보호 관련하여 지켜야 할 사항에 대해 적어보세요.

第八課
美麗的校園

美うつくしいキャンパス

아름다운 캠퍼스

캠퍼스 소개하기

我們的學校坐落在市中心的最東邊，在學院路新華書店的後面。

走進學校的正門，眼前出現的是平坦寬闊的大操場，有兩個籃球場，一個排球場和橢圓形跑道。同學們經常在這裡鍛煉身體。過了操場，就可以看到學校的行政大樓，也就是主樓。主樓旁邊是教學大樓。教室寬敞、明亮，桌椅擺得整整齊齊。學校東邊有綜合樓。綜合樓裡有音樂室、舞蹈室、美術室、電腦室、實驗室、圖書室和多功能教室，裡面設備俱全。綜合樓對面有校園最熱鬧的地方－－禮堂，學校的大部分活動都在禮堂裡舉行。每幢樓前面都擺著長椅，又漂亮又安靜。在那裡聚滿了同學，有的在認真地看書，有的在聊天。綜合樓和禮堂中間是小花園，花香彌漫著整個校園。小花園正中有一個圓形的小水池，池水清澈見底，池中的小金魚自由自在地遊來遊去。小花園左邊有一座假山，假山上有盤旋而上的小路。留學生公寓在學校的西邊。在那裡，可以看見很多外國留學生。

我們的學校似花園一樣，花園裡花朵真鮮豔。

生词

校园[校園]	xiàoyuán	(명) 캠퍼스
坐落	zuòluò	(동) …에 위치하다
学院路[學院路]	xuéyuàn lù	쉐왠루(항주의 길거리)
正门[正門]	zhèngmén	(명) 정문
平坦	píngtǎn	(형) 평평하다
宽阔[寬闊]	kuānkuò	(형) 넓다
操场	cāochǎng	(명) 운동장
篮球场[籃球場]	Lánqiúchǎng	(명) 농구장
排球场	páiqiúchǎng	(명) 배구장
椭圆[橢圓]	tuǒyuán	(명) 타원
跑道	pǎodào	(명) 트랙
锻炼[鍛煉]	duànliàn	(동) 단련하다
行政大楼[行政大樓]	xíngzhèng dàlóu	(명) 행정건물
主楼[主樓]	zhǔlóu	(명) 본관
教学[教學]	jiàoxué	(명) 교학
宽敞[寬敞]	kuānchang	(형) 넓다
明亮	míngliàng	(형) 환하다
综合楼[綜合樓]	zōnghé lóu	(명) 종합청사
舞蹈	wǔdǎo	(명) 무용
实验[實驗]	shíyàn	(명) 실험
多功能	duōgōngnéng	(형) 다용도의
设备俱全[設備俱全]	shèbèi jùquán	시설이 구비되다
对面[對面]	duìmiàn	(명) 맞은편
热闹[熱鬧]	rènao	(형) 북적대다
礼堂[禮堂]	lǐtáng	(명) 강당
举行[舉行]	jǔxíng	(동) 거행하다

幢	zhuàng	(양)동, 채(건물을 세는 단위)
长椅[長椅]	chángyǐ	(명)벤치
安静[安靜]	ānjìng	(형)조용하다
聊天	liáotiān	채팅, 이야기를 나누다
花园[花園]	huāyuán	(명)화원
花香	huāxiāng	(명)꽃향기
弥漫[彌漫]	mímàn	(동)가득하다
水池	shuǐchí	(명)못, 저수지
清澈	qīngchè	(형)맑고 투명하다
小金鱼[小金魚]	xiǎo jīn yú	(명)작은 금붕어
假山	jiǎshān	(명)인공산
盘旋[盤旋]	pánxuán	(동)빙빙 돌다
鲜艳[鮮豔]	xiānyàn	(형)산뜻하고 아름답다

语法

• [在字句]

"在"는 사람,사물의 위치를 나타낸다.

기본문형은 "사람 혹은 사물+在+위치"

食堂在学校东边。

▸ 부정형-

"在"의 부정은 사물이면 "不在", 사람이면 상황에 따라 "不在"혹은 "没在"를 선택사용하고 문장이 미래 존재의 뜻을 나타낼 때는 꼭 不在만 사용할 수 있다.

书店不在市中心。
小李不在家（小李没在家）。
后天下午王老师不在研究室。

▸ 과거형-

"在"뒤에 "了", "过"를 붙일 수 없다. 과거를 나타내고 싶으면 문장에 과거를 나타내는 시간사를 사용하면 된다.

上个月我在伦敦，不在首尔。

[不在……, 在……] …아니라 …에 있다.

书店不在那边，在这边。(○)
那边没有书店，这边有。(×)

사람이나 사물의 존재를 나타내는 "有" "在" "是" 비교

"有" 문형은 "장소 + 有 + 사람이나 사물"

书店前边有银行。

"在" 문형은 "사람이나 사물 + 在 + 장소"

银行在书店后边。

"是" 문형은 "장소 + 是 + 사람이나 사물"

银行前边是书店。

- **[坐落在……] …에 자리잡고 있다**

건물 등 위치를 나타낼 때 많이 쓰인다.

学校坐落在首尔市南边。

- **[有的……，有的……] 일부분은…하고 ,또 일부분은 . . 하다**

"有的"는 홀로 사용할 수 있고 여러 개 같이 사용하여 사람이나 사물의 일부분을 표시한다.

有的在看书，有的在做练习。
有的吃中餐，有的吃西餐。

练习

◎ 중작하시오.

1. 어제오전에 그는 도서관에 있었다.

2. 쏘리는 오늘 학교에 있고 집에 없다.

3. 그들은 뒤에 있다.

4. 내일 오후에 쏘우왕은 학교에 없다.

5. 지난달에 나는 베이징에 있었고 서울에 없었다.

6. 어떤 이는 홍차를 마시는 것을 좋아하고 어떤 이는 녹차를 마시는 것을 좋아한다.

7. 미술관은 시내 중심에 자리 잡고 있다.

본문내용에 근거하여 질문에 답하시오.

1. 学校在哪里？

2. 大操场都有什么？综合楼里都有什么？

3. 礼堂在哪里？在那里都做什么？

4. 小花园在哪里？小花园里都有什么？

5. 学校里有宿舍吗？

넌센스 퀴즈(脑筋急转弯)

一个人在沙滩上行走，回头为什么看不见自己的脚印？

오늘의 속담 한마디

眼不见，心不烦

모르는 게 약이다.

Ignorance is bliss.

作文 제목 : 美丽的***

공원이나 본인이 잘 알고 있는 장소에 대해서 소개하는 글을 적어보세요.

第九課
體育運動

スポーツ運動うんどう

스포츠

스포츠

韓國式足球

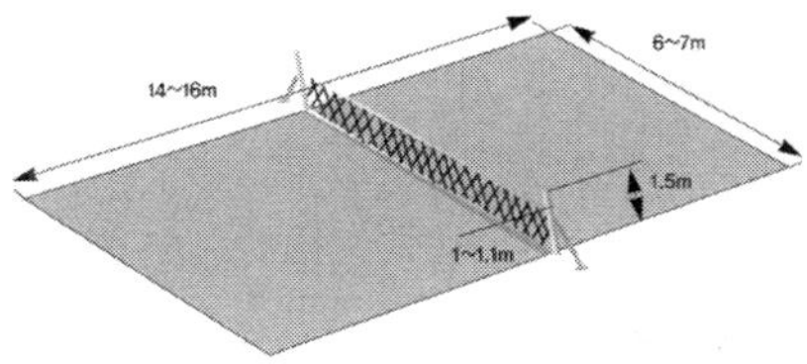

韓國式足球和一般足球，實際上，除了漢字一樣外，其餘的什麼都不一樣。

首先，每隊參加的人數不一樣。一般足球11人，韓國式足球是5人。

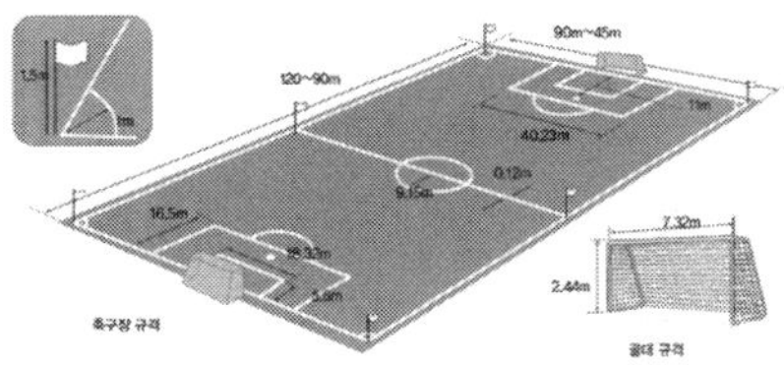

其次，比賽用球不一樣，韓國式足球比一般足球小一些。

再次，比賽場地不一樣，韓國式足球，場地比較小，沒有球門，場地中間有一個球網。

最後，比賽規則不一樣。韓國式足球沒有時間限制，不分上半場和下半場，一場球要打三局，三局兩勝制，在每局的比賽中，先得到15分的那個隊贏。

總之，韓國式足球和一般足球，是兩個完全不一樣的運動。

生词

韩国式足球[韓國式足球]	hánguóshìzúqiú	(명)족구
足球	zúqiú	(명)축구
其余[其餘]	qíyú	(대)나머지
首先	shǒuxiān	(부)우선
队[隊]	duì	(명)팀
参加[參加]	cānjiā	(동)참가하다
其次	qícì	(대)다음
再次	zàicì	(부)그 다음
场地[場地]	chǎngdì	(명)그라운드
球门[球門]	qiúmén	(명)골문
球网[球網]	qiúwǎng	(명)네트
最后[最後]	zuìhòu	(명)끝으로
规则[規則]	guīzé	(명)규칙
限制	xiànzhì	(명)제한, 한계
上半场[上半場]	shàngbànchǎng	(명)전반전
下半场[下半場]	xiàbànchǎng	(명) 후반전
三局两胜制[三局兩勝制]	sān jú liǎng shèng zhì	1경기 3세트 2선승제
局	jú	(양)판, 번, 경기
赢[贏]	yíng	(동)이기다
总之[總之]	zǒngzhī	(접)총괄적으로 말하면

语法

- **[首先…… 其次…… 再次…… 最后…… 总之……]**

  몇 가지 대상들을 비교하거나 일의 선후관계를 나타낼 때는 아래와 같은 표현들이 많이 쓰인다.

  우선…, 다음은 … 그다음은 …. 끝으로…., 결론적으로….

- [局] **판, 번, 경기**

  경기를 치를 때 횟수를 나타내는 양사로 쓰인다.

  要打三局。

- [除了……外, 还……] **…을 제외하고 또 …이다.**

  앞에서 언급한외에 또 기타의 것을 보충한다.

  除了春节以外，中国还有那些节日？

- [除了……， 都……]**…외에 모두 …이다.**

  앞에서 언급한것을 배제한다.

  这件事除了小王不知道以外，大家都知道了。

练习

중작하시오.

1. 샤오 왕을 제외하고는 모두 한국인이다.

2. 한국에 가본적이 있었던 것을 제외하고도 나는 또 미국과 영국에도 갔었다.

3. 동생을 제외하고는 모두 오리구이를 좋아한다.

순서배열하기

1. 除了 这件事 都 知道 金先生 以外 谁

2. 我 想 还 英语 除了 学 日语

3. 一場 三局 要 球 打

넌센스 퀴즈(脑筋急转弯)

8个人吃8份快餐需10分钟,16个人吃16份快餐需几分钟?

오늘의 속담 한마디

华而不实

빛 좋은 개살구

Never judge from appearance

作文

두 가지 대상을 비교하는 글을 지어보세요.

第十課
我的家鄉

私わたしのふるさと

나의 고향

나의 고향을 소개하기

我的家鄉是浙江省杭州，俗話說“上有天堂，下有蘇杭”。那裡有很多名勝古跡，是一個舉世聞名的旅遊城市。西湖是這裡最有名的地方。

杭州四季景色讓人心曠神怡。春天柳樹長出了新的嫩芽，桃花盛開，讓人留戀。到了夏天，荷花綻放的西湖裡，看音樂噴泉是最棒的。音樂噴泉不但好看而且好聽。噴泉由音量高低而變化成不同的樣子。秋天，杭州市花－－桂花就開了。桂花香氣濃鬱，優雅怡人。冬天，梅花開了，散發著清香，彷彿在歡迎遊客們的到來。

杭州不僅風光秀麗，而且物產豐富，有蓮藕、絲綢，還有龍井茶。其中最有名的特產是龍井茶。西湖龍井茶是中國十大名茶之一，已有一千二百多年的歷史。因產於西湖附近的“龍井村”而得名。它既可以止渴，也可以提神。

寬闊的馬路、繁華的商業中心、優美的環境使遊客更喜歡這個城市了。

生词

家乡[家鄉]	jiāxiāng	(명)고향
浙江省	Zhè jiāng shěng	중국 저장성
杭州	Hángzhōu	항저우
俗话[俗話]	súhuà	(명)속담
名胜古迹[名勝古跡]	míngshènggǔjì	(명)명승고적
举世闻名[舉世聞名]	jǔshìwénmíng	(성)전세계에 이름이 알려지다
城市	chéngshì	(명)도시
西湖	Xīhú	시후(저장성 항저우에 있는 호수)
心旷神怡[心曠神怡]	xīnkuàngshényí	(성)마음이 후련하고 기분이 유쾌하다
柳树[柳樹]	liǔshù	(명)버드나무
嫩芽	nènyá	(명)새싹
桃花	táohuā	(명)복숭아꽃
盛开[盛開]	shèngkāi	(동)활짝 피다
留恋[留戀]	liúliàn	(동)미련을 가지다
荷花	héhuā	(명)연꽃
绽放[綻放]	zhànfàng	(동)(꽃이)피다
喷泉[噴泉]	pēnquán	(명)분수
棒	bàng	(형)좋다
音量	yīnliàng	(명)볼륨
样子[樣子]	yàngzi	(명)모양
市花	shìhuā	(명)도시를 대표하는 꽃
桂花	guìhuā	(명)목서나무의 꽃
浓郁[濃鬱]	nóngyù	(형)그윽하다
优雅[優雅]	yōuyǎ	(형)우아하다
宜人[怡人]	yírén	(동)좋은 느낌을 주다
梅花	méihuā	(명)매화

散发[散發]	sànfā	(동)퍼지다
仿佛	fǎngfú	(부)마치 …인 것 같다
到来[到來]	dàolái	(동)도래하다
秀丽[秀麗]	xiùlì	(형)수려하다
物产[物產]	wùchǎn	(명)물산
丰富[豐富]	fēngfù	(형)풍부하다
莲藕[蓮藕]	liánǒu	(명)연근, 연뿌리
丝绸[絲綢]	sīchóu	(명)비단, 명주
龙井茶[龍井茶]	lóngjǐngchá	(명)용정차
名茶	míngchá	(명)이름 있는 차
历史[歷史]	lìshǐ	(명)역사
止渴	zhǐkě	(동)갈증을 풀다
提神	tíshén	(동)정신을 차리게 하다
繁华[繁華]	fánhuá	(형)번화하다
商业[商業]	shāngyè	(명)상업
优美[優美]	yōuměi	(형)아름답다

语法

• **사역을 나태는 동사 [让, 叫, 使] ;[派, 求, 请]**

1) 让, 叫, 使 -[…에게 …을 시키다]

让- 그 사람의 생각대로 “그렇게 시켜드리다”

让你久等了。

爸爸让我去看电影。

叫- 상대에게 “말해서 …시키다”

爸爸叫弟弟去换钱。

使- “기쁘게 하다”, “만족시키다”, “향상시키다”라는 감성적인 말과 연결

这件事使大家很高兴。

2) 派 求 请 - 다른 사람에게 압력을 넣어[…을 시키다]

派-[파견하여…을 시키다]

公司派我去日本考察

求-[부탁하다]

我想求你去办一件事。

请-[초대하다,오게 하다]

金娜丽请我们吃午饭。

• **[既……, 也/又……] …하고, 또 …하다.**

두 가지 상황이 동시에 존재하거나 앞뒤 문장이 병렬관계를 나타낼 때 쓰인다.

他既有学问，又有丰富的经验。

• **仿佛 마치 ...와 같다.**

문장에서 한 사물을 다른 한 사물에 비유할 때 쓰인다.

练习

중작하시오.

1. 그는 기자이고 또 화가이다.

2. 우리학교는 조용하고 또 아름답다.

3. 늦었습니다. 너무 오래 기다리게 했습니다.

4. 그는 동생에게 공책을 사오게 했다.

5. 겸손은 사람을 발전시키고 교만은 사람을 퇴보시킨다.

6. 몸을 단련하면 사람으로 하여금 건강하고 장수하게 할 수 있다.

◎ 본문내용에 근거하여 질문에 답하시오.

1. 杭州最有名的是什么？

2. 杭州的四季怎么样？

3. 杭州有名的特产都有哪些？什么最有名？它有什么功能？

넌센스 퀴즈(脑筋急转弯)

你每天做作业时先干什么？

오늘의 속담 한마디

一年之计在于春

일 년의 계획은 봄에 달렸다.

A year's plan starts with spring.

一天之计在于晨

하루계획은 아침에 달렸다.

The day's plan starts in the morning.

作文 제목 : 我的家乡

第十一課
戸外活動

戸外こがい活動かつどう

야외활동

야외활동

打雪仗、滑冰、滑雪都是冬天經典的戶外活動。中國有不少滑雪場。

週末我們去了八達嶺滑雪場。北京八達嶺滑雪場坐落在八達嶺長城西側約兩公里處。

我們領了滑雪靴、滑雪杖、滑板，換上滑雪服，戴上滑雪鏡，出現在滑雪場上。為了把自己的滑雪技巧提高得更快，我們請了一位教練。教練給我們教了滑雪的基本要領和基本姿勢。雙板一定要平行，間距15～20釐米左右，雙腿微曲，身體要保持向前傾，以“八字”慢慢滑行，用“S形”的路線去轉彎、再下滑， 這樣比較不容易摔，滑的時候全身放鬆。我試了下，果然有用，很順利滑下去了。初學者滑道上除了我們以外，還有一些小朋友們在玩耍。我們這一幫菜鳥們在初學者滑道上滑了一會兒。

教練把我們拉上了纜車，到初級滑道。大家開始按照要領向前滑。在雪坡上，撐著滑雪杖慢慢滑，感覺真好。

這是我第一次滑雪，雖然摔跤無數，但是收穫不少。滑雪讓我經歷了雪場上的刺激、浪漫和從未體驗過的運動的激情。

生词

打雪仗	dǎxuězhàng	(동) 눈싸움하다
滑冰	huábīng	(동) 스케이팅
滑雪	huáxuě	(동) 스키를 타다
经典[經典]	jīngdiǎn	(형) 전형적인
滑雪场[滑雪場]	Huáxuěchǎng	(명) 스키장
八达岭[八達嶺]	Bādálǐng	바다링(만리장성의 일부분인 바다링 장성)
长城[長城]	chángchéng	(명) 장성
西侧[西側]	xīcè	(명) 서쪽
公里	gōnglǐ	(양) 킬로미터
滑雪靴	huá xuě xuē	(명) 스키부츠
滑雪杖	huáxuězhàng	(명) 스키 폴
滑板	huábǎn	(명) 플레이트
戴	dài	(동) 착용하다
滑雪镜[滑雪鏡]	huá xuě jìng	(명) 고글
技巧	jìqiǎo	(명) 기교
教练[教練]	jiàoliàn	(명) 전문강사, 감독, 코치
要领[要領]	yàolǐng	(명) 요령
姿势[姿勢]	zīshì	(명) 자세
平行	píngxíng	(형) 평행
间距[間距]	jiānjù	(명) 간격
厘米[釐米]	límǐ	(양) 센치미터
微曲	wēi qū	(형) 약간 구부리다
倾[傾]	qīng	(동) 기울다
转弯[轉彎]	zhuǎnwān	(동) 방향전환
摔	shuāi	(동) 넘어지다
放松	fàngsōng	(동) 느슨하게 하다

初学者[初學者]	chūxuézhě	(명) 초보자
滑道	huádào	(명) 슬로프
玩耍	wánshuǎ	(동) 놀다, 장난치다
菜鸟[菜鳥]	càiniǎo	(명) 초보, 신참
缆车[纜車]	lǎnchē	(명) 케이블 카, 리프트
初级滑道[初級滑道]	chūjí huádào	(명) 초급용 슬로프
按照	ànzhào	(동) …에 따르다
雪坡	xuě pō	(명) 눈길, 설원
撑	chēng	(동) 짚다, 지탱하다
摔跤	shuāijiāo	(동) 넘어지다, 자빠지다
刺激	cìjī	(명) 자극, 스릴
从未[從未]	cóngwèi	(부) 지금까지 …한적이 없다
体验[體驗]	tǐyàn	(명) 체험
激情	jīqíng	(명) 격정

语法

- **把자문[把字句]**

"把"를 이용하여 술어동사가 목적어를 어떻게 처리 했는지와 그 처리결과를 강조해 설명할 때 쓰인다.

把자문의 기본문형은 "주어+把 +처리되는 대상+동사+처리결과"이다.

주의할 점은 동사 뒤에는 반드시 기타성분(처리결과)이 와야 하며 동사만으로 문장이 끝나면 안 된다. 처리되는 대상은 반드시 이미 명확한, 특정된 것이야 한다.

여기서 기타성분은 결과보어, 방향보어, 정도보어, 수량보어 등을 포함하며 "了"가 올 수도 있다.

부정부사, 능원동사 및 조동사는 "把"의 앞에 놓아야 한다.

你把门关好。
小李把车开过来。
他把房间收拾得干干净净。
他把门关了。
我们应该把事情处理好。

- **[按照……]…에 따르다**

按照学校规定，下星期要考期中考试。

- **[果然] 과연, 아니나다를까**

예상한대로,기대했던 대로 일이 진행될 때에 쓰인다.

听老师的话去做，果然没错。

菜鸟 초보자를 뜻하는 신조어로서 주로 어떤 일을 금방 배워서 아직 미숙하거나 그 분야에서 능력이 부족할 때 쓰인다.

练习

중작하시오.

1. 선생님은 우리에게 숙제 책을 나누어주셨다.

2. 당신은 이 문제를 너무 간단하게 보셨어요.

3. 요리는 모두 먹어 버리는 게 좋다.

4. 샤오왕은 방을 아주 깨끗이 청소하였다.

5. 나는 이문장의 모든 내용을 외웠다.

◎ 본문내용에 근거하여 질문에 답하시오.

1. 冬天经典的户外活动是什么？

2. 八达岭滑雪场在哪里？

3. 滑雪都需要什么？

4. 说说滑雪的基本动作。

5. 到了冬天，你一般做什么户外活动？

넌센스 퀴즈(脑筋急转弯)

沙漠中最常见的东西是什么？

오늘의 속담 한마디

机不可失，时不再来

기회는 한번뿐

Do it now.

作文

겨울야외활동 중 한 가지를 선택하여 소개하는 글을 적어보세요.

저자 소개

- 유향란(兪香蘭)

현) 남서울대학교 중국학과 조교수
서울대학교 박사
한국 중재학회 이사
중국 번역협회 전문위원
장안대학 외국인교수 역임
일본 동경대학교 방문학자
중국 浙江大學校 한국연구소 객좌교수

해피 중국어 작문

발 행 일 • 2014년 5월 30일

저 자 • 유향란
발 행 자 • 최봉조
발 행 처 • 진샘미디어
주 소 • 서울특별시 은평구 연서로5길 28
부호아파트 102동 상가 5호
전 화 • 02)353-4421
F A X • 02)353-4431

Home-page • www.jinsaem.co.kr
신고번호 • 제311-2005-000025호

I S B N • 979-11-85504-10-0 (93720)

정가 9,000원